Ich arbeite tagsüber oder nachts. Bei der Arbeit sitze ich meistens in einem Auto. Mit diesem Auto fahre ich Menschen von einem Ort zum anderen. Ein Zähler zeigt den Preis für die Fahrt an. Vor dem Aussteigen bezahlen die Menschen.

Ich arbeite als ☐ Rennfahrerin. ☐ Taxifahrerin. ☐ Fahrradfahrerin.

Meine Arbeit beginnt mitten in der Nacht. Ich stelle Lebensmittel her. Hierfür benötige ich Zutaten wie Mehl, Wasser, Salz und Hefe. Verschiedene Zutaten verarbeite ich zu einem Teig. Dieser Teig wird im Ofen gebacken.

Ich arbeite als ☐ Bäcker. ☐ Bauer. ☐ Metzger.

Für meinen Beruf musste ich lange studieren. Zu mir kommen viele Kinder mit ihren Eltern. Ich versuche den Kindern zu helfen. Viele der Kinder haben Husten oder Schnupfen. Manchmal muss ich ihnen ein Medikament verschreiben.

Ich arbeite als ☐ Kinderärztin. ☐ Erzieherin. ☐ Kindermädchen.

2 Es war einmal ein Märchen

Es war einmal eine Familie mit zwei Kindern und sehr wenig Geld.
Die Familie war so arm, dass sie bitterlich hungern musste.
In seiner Not setzte der Vater die Kinder Hannes und Gertrudel im Wald aus.
Nachdem die beiden lange herumgeirrt waren, fanden sie ein Hexenhaus.
Die Hexe war jedoch nicht sehr nett und sperrte die Geschwister in einen Käfig.
Sie wollte sie zuerst mästen und dann mit Genuss und Soße verspeisen.
Hannes und Gertrudel fanden das nicht so toll, aber das störte die Hexe nicht.
Eines Tages hörten die Eingesperrten einen wundervollen Gesang.
Keine Lieder-Fee und keine Trompeten-Elfe hätte je schöner singen können.
Zu ihrer Überraschung stellten die Kinder fest, dass die Hexe so lieblich sang.
Sie erklärten ihr, dass sie ein Superstar werden könne. Und siehe da:
Schon bald wurden die Lieder der Hit-Hexe weltweit im Internet gehört.
Hannes und Gertrudel wurden die Manager des neuen Superstars.
Jetzt verdienten sie so viel Geld, dass ihre Familie nie mehr hungern musste.

Kreuze an

Hannes und Gertrudel lebten mit ihren Eltern in großer Armut.	☐ ja ☐ nein
Der Vater setzte seine Kinder in ein Karussell und rannte weg.	☐ ja ☐ nein
Eine höfliche Hexe setzte Hannes und Gertrudel im Wald aus.	☐ ja ☐ nein
Hannes und Gertrudel entdeckten durch Zufall ein Hexenhaus.	☐ ja ☐ nein
Die Hexe war sehr freundlich und gab den Kindern einen Lolli.	☐ ja ☐ nein
Die Hexe wollte die Kinder zuerst füttern und dann auffressen.	☐ ja ☐ nein
Die Hexe sang so schrecklich, dass die Tiere weinen mussten.	☐ ja ☐ nein
Die Hexe sang so schön, dass sie schnell weltberühmt wurde.	☐ ja ☐ nein
Hannes und Gertrudel verdienten Geld als Manager der Hexe.	☐ ja ☐ nein

Dieser Text erinnert an ☐ Frau Holle. ☐ Hänsel und Gretel.

Ein Fall für Knorke

Zufrieden liegt Knorke auf seinem flauschigen Kuschel-Sofa.
Da klingelt es heftig an seiner Haustür.
Vor der Tür steht Frau Purzelbaum von der Mistkäfer-Grundschule.
„Sie müssen mir helfen!“, keucht die Lehrerin aufgeregt und schildert den Fall.
Jede Nacht stiehlt ihr jemand einen Wackelpudding aus dem Kühlschrank.
„Ein neuer Fall für Knorke“, flüstert der Kommissar geheimnisvoll.
Am nächsten Abend versteckt er sich unter Frau Purzelbaums Küchentisch.
Von dort kann er den Kühlschrank genau beobachten.
Tief in der Nacht schreckt er plötzlich auf. Er muss eingeschlafen sein.
Doch was ist das? Schritte in der Küche! Der Dieb oder die Diebin!
Jemand öffnet den Kühlschrank. Knorke springt unter dem Tisch hervor.
Dann muss er lachen. Vor ihm steht Frau Purzelbaum.
Sie wandelt im Schlaf und greift gerade nach einem Wackelpudding.
Der Fall ist gelöst! Vorsichtig führt Knorke die Lehrerin wieder zu ihrem Bett.

Knorke ist traurig, weil sein flauschiges Sofa so unbequem ist.	☐ ja ☐ nein
Frau Purzelbaum ist sehr aufgeregt und bittet Knorke um Hilfe.	☐ ja ☐ nein
Jemand stiehlt Frau Purzelbaum jede Nacht den Kühlschrank.	☐ ja ☐ nein
Jeden Morgen fehlt ein Wackelpudding aus dem Kühlschrank.	☐ ja ☐ nein
Knorke lacht die aufgeregte Lehrerin aus und schickt sie weg.	☐ ja ☐ nein
Knorke möchte der Lehrerin helfen und nimmt diesen Fall an.	☐ ja ☐ nein
Der Kommissar versteckt sich in der Küche in einem Schrank.	☐ ja ☐ nein
Knorke schläft ein und wacht erst drei Tage später wieder auf.	☐ ja ☐ nein
Mitten in der Nacht wacht Knorke auf und kann den Fall lösen.	☐ ja ☐ nein
Die Lehrerin ist eine Diebin, weil sie ihren Wackelpudding isst.	☐ ja ☐ nein

Rätsel

Ich übe einen wichtigen Beruf aus. Zu mir kommen Menschen, die sich nicht an Regeln oder Gesetze gehalten haben. Ich muss entscheiden, ob diese Menschen bestraft werden. Ich muss auch entscheiden, wie sie bestraft werden.

Ich arbeite als ☐ Politiker. ☐ Richter. ☐ Spielverderber.

Ich trage eine Uniform und sorge dafür, dass die Menschen Regeln und Gesetze einhalten. Ich gehe auch in Schulen. Dort erkläre ich Kindern zum Beispiel die Regeln im Straßenverkehr. Man erreicht mich unter der Telefonnummer *110*.

Ich arbeite als ☐ Polizistin. ☐ Königin. ☐ Hausmeisterin.

In meinem Beruf muss man die Natur lieben. Ich beobachte die Pflanzen und die Wildtiere. Ich entscheide auch, ob Bäume gefällt oder Tiere gejagt werden müssen. Das Stück Natur, um das ich mich kümmere, ist mein Revier.

Ich arbeite als ☐ Zoodirektor. ☐ Förster. ☐ Löwenbändiger.

~~7~~	Sie ist aus Plastik oder Papier. Man erhält sie im Supermarkt.
4	In ihn kommt zum Beispiel Holz. Man kann mit ihm heizen.
6	Sie ist ein Sinnesorgan. Mit diesem Organ riechen wir.
2	Er wächst an vielen Stellen. Manche Arten sind sehr giftig.
3	Er hat ein graues Fell. Er ist mit den Pferden verwandt.
5	Er hat ein schwarzes Federkleid. Er gehört zu den Singvögeln.
1	Sie ist ein Planet. Wir leben auf diesem Planeten.

ESEL OFEN PILZ ~~TÜTE~~

ERDE NASE RABE

1			▒			
2			▒			
3			▒			
4			▒			
5			▒			
6			▒			
7	T	Ü	T	E		

Das gesuchte Tier hat einen

☐ Stachel. ☐ Rüssel. ☐ Flügel.

Das besondere Kerlchen

Das besondere Kerlchen war wirklich ein ganz besonderes Kerlchen. Es war besonders freundlich: Für jeden hatte es ein gutes Wort. Es war besonders lustig: Es konnte die besten Witze erzählen. Und es war besonders fröhlich: Es lachte wie sonst niemand. Das Seltsame war: In der größten Fröhlichkeit wurde es stets ein wenig kleiner. Als es die Größe eines Pudels erreicht hatte, sagte seine Mutter: „Kerlchen, so kann es nicht weitergehen! Du darfst nicht mehr fröhlich sein, sonst bist du bald ganz verschwunden." Also musste es versprechen, nicht mehr zu lachen. Zwei Wochen hielt es sich an dieses Versprechen. Dann kam es zu seiner Mutter und klagte: „Mutter, ich bin so traurig. Ohne zu lachen bereitet mir das Leben keine Freude." Schon am nächsten Tag war das Kerlchen so klein wie ein Hamster. An einem Tag im Februar wurde es schließlich unsichtbar. Richtig verschwunden ist es allerdings nie: Immer wenn Menschen freundlich sind, wenn sie lustig oder fröhlich sind, immer dann hört man sein Lachen.

Kreuze an

Das Kerlchen war immer unfreundlich zu anderen Menschen.	☐ ja ☐ nein
Das Kerlchen hat die besten Witze erzählt und gerne gelacht.	☐ ja ☐ nein
Die Mutter des Kerlchens war ein besonders kleiner Hamster.	☐ ja ☐ nein
Das Kerlchen wurde kleiner, wenn es besonders fröhlich war.	☐ ja ☐ nein
Die Mutter wollte, dass das Kerlchen noch viel fröhlicher wird.	☐ ja ☐ nein
Das Kerlchen war froh, dass es nicht mehr fröhlich sein sollte.	☐ ja ☐ nein
Zwei Wochen später wollte das Kerlchen wieder fröhlich sein.	☐ ja ☐ nein
Das besondere Kerlchen ist im Februar unsichtbar geworden.	☐ ja ☐ nein
Der Februar ist fast immer der wärmste Monat des Sommers.	☐ ja ☐ nein
Man hört das Kerlchen lachen, wenn Menschen fröhlich sind.	☐ ja ☐ nein

Tom Bola kommt nach Köln!

Köln - Der Schauspieler Tom Bola besucht Köln. Am 22. November stellt er seinen neuesten Kinofilm „Tomstar“ im Mückenkino vor. In diesem Film spielt Tom Bola einen Lehrer, der immer freundlich ist und keine Hausaufgaben aufgibt. Eines Tages wird seine Klasse vom Zungenheinz entführt. Es wird spannend. So viel sei verraten: Tom wird seine Klasse befreien. Er ist stärker als eine Maus, läuft schneller als eine Schildkröte und kann Schlamm in Matsch verwandeln. Der Zungenheinz hat keine Chance. Toller Film, toller Schauspieler: Tom-Bola-Superstar!

Der Zungenheinz in dem neuen Tom-Bola-Film

Achtung: Nächsten Montag veranstaltet der Knirpskurier ab 16 Uhr eine große Tomstar-Tombola im Mückenkino! Hauptpreis ist ein Limoglas. Danach schreibt der Zungenheinz eine Stunde lang Autogramme.

Kreuze an

Der Text über einen neuen Kinofilm ist aus dem „Knirpskurier“.	☐ ja ☐ nein
Die Überschrift dieses Textes lautet „Tom Bola küsst in Köln!“.	☐ ja ☐ nein
Der Text über den neuen Film gehört zu dem Bereich „Kultur“.	☐ ja ☐ nein
Tom Bola besucht das Kölner Mückenkino am 22. November.	☐ ja ☐ nein
Tom Bola stellt seinen Kinofilm „Zungenheinz-Superstar“ vor.	☐ ja ☐ nein
In dem Film spielt der Zungenheinz den Lehrer von Tom Bola.	☐ ja ☐ nein
Das Foto zeigt, wie der Zungenheinz die Zunge herausstreckt.	☐ ja ☐ nein
Die Tombola im Mückenkino findet an einem Donnerstag statt.	☐ ja ☐ nein
Nach der Tombola besucht der Zungenheinz das Mückenkino.	☐ ja ☐ nein

☺ Einen Text aus einer Zeitung nennt man Artikel oder Zeitungsartikel.

Es war einmal ein Märchen

Es war einmal eine Prinzessin mit einer wertvollen goldenen Kugel.
Die Prinzessin liebte ihre Kugel sehr und polierte sie jeden Tag *19*-mal.
Eines Tages fiel der Prinzessin die Kugel in einen tiefen Brunnen.
Leider war kein Frosch in der Nähe, um ihr in dieser Lage zu helfen.
Stattdessen kam eine junge Frau mit vielen Muskeln zu dem Brunnen.
Sie fragte nach dem Geschehen und die Prinzessin schilderte ihr Unglück.
Es stellte sich heraus, dass die junge Frau eine Kugelstoßerin war.
Kugelstoßerinnen sind Sportlerinnen, die schwere Metallkugeln wegstoßen.
Obwohl die Kugeln nicht aus Gold sind, war die Prinzessin sofort interessiert.
Sie wollte auch eine Kugelstoßerin werden, und zwar die beste auf der Welt.
Nach vielen Jahren harter Arbeit war sie endlich am Ziel ihrer Träume.
Die Prinzessin stieß die schweren Kugeln weiter als jede andere Frau zuvor.
Sie nahm als Favoritin an der Olympiade teil. Und tatsächlich: Sie gewann!
Nun hatte sie zwar keine Goldkugel mehr, dafür aber eine goldene Medaille.

Kreuze an

Die Prinzessin schleckte jeden Tag *19* Kugeln vergoldetes Eis.	☐ ja ☐ nein
Die goldene Kugel wurde von der Prinzessin liebevoll gepflegt.	☐ ja ☐ nein
Die Königstochter warf die Kugel mit Absicht in einen Brunnen.	☐ ja ☐ nein
Die Prinzessin lernte eine junge, starke Kugelstoßerin kennen.	☐ ja ☐ nein
Nach dem Treffen wollte die Prinzessin Kugelstoßerin werden.	☐ ja ☐ nein
Nach wenigen Minuten war die Prinzessin stark wie ein Gorilla.	☐ ja ☐ nein
Die Prinzessin wurde tatsächlich zur weltbesten Kugelstoßerin.	☐ ja ☐ nein
Die Prinzessin gewann eine Goldmedaille bei einer Olympiade.	☐ ja ☐ nein
Die Prinzessin tauschte die Medaille gegen eine Goldkugel ein.	☐ ja ☐ nein

☺ Dieser Text erinnert an ☐ den Froschkönig. ☐ Aschenputtel.

Ein Fall für Knorke

Genüsslich beißt Knorke in eine riesige Grillwurst mit Senf.
Er ist Ehrengast auf dem Sommerfest der Mistkäfer-Grundschule.
Plötzlich läuft die siebenjährige Cindy aus der 2b aufgeregt auf ihn zu.
„Hilfe, Hilfe“, kreischt sie, „hier läuft ein frecher Luftballon-Dieb herum!“
Ein Mann hat an ihrem Stand einen roten Ballon genommen, ohne zu zahlen.
„Ein neuer Fall für Knorke“, brummt der Kommissar grimmig.
Nach Cindys Beschreibung kann der Dieb nur Ronny Rot sein.
Fast alles an Ronny Rot ist rot: Haare, Ohren, Nägel, Kleidung: alles rot.
Schnell hat Knorke den Verdächtigen auf dem Schulhof gefunden.
Doch Rot schwört, noch nie einen Luftballon in der Hand gehalten zu haben.
Der Kommissar ist ratlos. Sollte dies sein erster ungelöster Fall werden?
Nein! Zwei Wochen später wird der Zufall zu Knorkes Helfer.
Rot hat mit dem gestohlenen Ballon am Weitflug-Wettbewerb teilgenommen.
Ausgerechnet sein Luftballon hat gewonnen. Der Fall ist gelöst!

Kreuze an

Knorke besucht die Karnevalsfeier der Mistkäfer-Grundschule.	☐ ja ☐ nein
Der Kommissar isst auf dem Fest ein Stück Torte mit Ketchup.	☐ ja ☐ nein
Cindy berichtet, dass ein Mann einen Luftballon gestohlen hat.	☐ ja ☐ nein
Cindy hat lange rote Haare und ist die Lehrerin der Klasse 2b.	☐ ja ☐ nein
Cindy kann dem Kommissar den Luftballon-Dieb beschreiben.	☐ ja ☐ nein
Knorke glaubt, dass Ronny Rot der freche Luftballon-Dieb ist.	☐ ja ☐ nein
Ronny Rot hat hellgrüne Zöpfe und blau gefärbte Fingernägel.	☐ ja ☐ nein
Rot verwandelt sich in einen roten Luftballon und fliegt davon.	☐ ja ☐ nein
Ronny Rot hat am Ballon-Weitflug-Wettbewerb teilgenommen.	☐ ja ☐ nein
Ronny Rots gestohlener Luftballon ist am weitesten geflogen.	☐ ja ☐ nein

16 Was gehört zusammen?

1	Bären sind Raubtiere. Sie sind hervorragend für die Jagd nach Beute geeignet. Bären können	Andere Arten wie der Braunbär, der Schwarzbär oder der Grizzly werden größer als ein Mensch.	
2	Es gibt verschiedene Bärenarten. Die Waschbären gehören zu den kleinsten Bären.	stehen häufig auch verschiedene Pflanzenarten. Auch süßen Honig fressen Bären gerne.	
3	Auch im Eis der Arktis lebt eine große Bärenart. Die Eisbären besitzen ein dickes	erstaunlich schnell laufen, sie sind gute Kletterer und fühlen sich auch im Wasser wohl.	1
4	Als Jäger fressen Bären Fleisch. Reine Fleischfresser sind sie aber nicht. Auf ihrem Speiseplan	weißes Fell. Dieses Fell schützt sie vor den kalten Temperaturen und tarnt sie bei der Jagd.	

5	Man kann auf ihm reiten. Es ist ein sehr kleines Pferd.
3	Manchmal zeigt es einen selbst. Es steckt oft in einem Album.
7	Auf ihm fahren große Schiffe. Man kann in ihm baden.
2	Viele Kinder trinken sie gerne. Sie enthält häufig zu viel Zucker.
4	Er steht in fast jeder Küche. Man benötigt ihn zum Kochen.
1	Man kann in ihm schlafen. Man muss es zuerst aufbauen.
6	Er besteht aus kleinen Körnern. Kinder spielen gerne mit ihm.

FOTO PONY MEER LIMO
SAND ZELT HERD

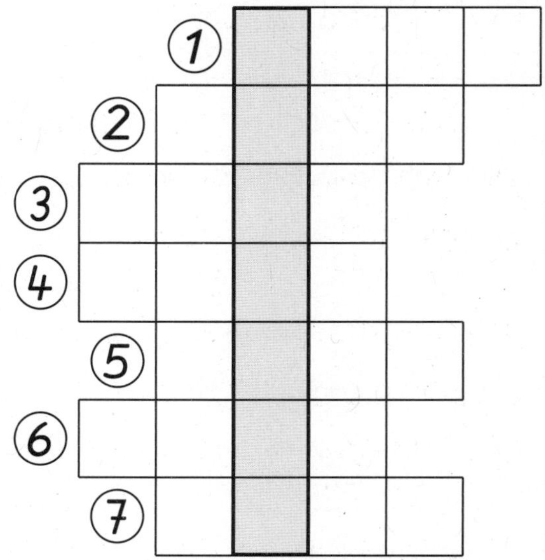

Die Schale der gesuchten Frucht ist

☐ gelb. ☐ rot. ☐ orange.

Unsinn im Zoo

Es ist Sommer. Thea und Theo gehen mit ihrer Oma zum ersten Mal in den Zoo. Mit großen Augen bestaunen sie die Tiere. Die Schimpansen trinken gerade eine gute Tasse indischen Tee. Dazu essen sie ein Stück Orangenkuchen. Die Zebras stehen cool in der Sonne herum. Wegen der Hitze haben sie ihre dunklen Streifen ausgezogen. Die Stinktiere spielen eine Runde Mau-Mau. Am Kiosk spendiert Oma ihren Enkeln ein riesiges Eis mit 15 Kugeln. Thea hat nur Reis-Eis. Theo mag lieber Mais-Eis. Beide schlecken wie die Weltmeister. Plötzlich zeigt Theo auf ein Wesen mit zwei Beinen. „Oma, wie heißt dieses komische Tier?", fragt er aufgeregt. „Das ist der Tierpfleger", antwortet Oma ruhig. Der Pfleger hat einen Eimer in der Hand. Unauffällig folgen die drei ihm zum Robbenbecken. „Die Robben werden jetzt gefüttert", flüstert Oma. Der Pfleger wirft den Tieren allerhand Meeresbewohner zu. „Robben fressen am liebsten Blauwal mit Soße", erklärt Oma. „Hm, lecker", murmelt Thea.

Thea und Theo waren schon sehr häufig mit ihrer Oma im Zoo.	☐ ja ☐ nein
Die Geschwister besuchen den Zoo zum ersten Mal im Winter.	☐ ja ☐ nein
Die Schimpansen essen zum Tee ein riesiges Stück Stinkkäse.	☐ ja ☐ nein
Die Zebras haben ihre Streifen ausgezogen, weil es so kalt ist.	☐ ja ☐ nein
Die Stinktiere spielen im Sandkasten mit Eimer und Schaufel.	☐ ja ☐ nein
Thea und Theo bekommen von ihrer Oma nur eine Kugel Eis.	☐ ja ☐ nein
Theo erblickt einen Pfleger mit Eimer und hält ihn für ein Tier.	☐ ja ☐ nein
In dem Eimer des Tierpflegers befindet sich das Robbenfutter.	☐ ja ☐ nein
Thea glaubt, dass das Futter der Robben sehr gut schmeckt.	☐ ja ☐ nein
Jeder kann die Abenteuer von Thea und Theo im Zoo erleben.	☐ ja ☐ nein

Schummelmeister gekürt

Knilching - Gestern Morgen fand in der Knilchinger Mistkäfer-Grundschule die 13. deutsche Schummelmeisterschaft statt. Die Teilnehmer mussten sich in den Disziplinen „Rüberschielen", „Heftglotzen" und „Unter der Bank schummeln" beweisen. In einem spannenden Wettkampf setzte sich Benno Bummelmeister als neuer Schummelmeister durch. Schon beim anfänglichen Rüberschielen konnte er sich einen Vorsprung erschummeln. Den ließ er sich während des gesamten Wettkampfs nicht mehr nehmen. Der Sieger gewann eine Ananas und einen

Benno Bummelmeister ist neuer Schummelmeister

Gutschein für ein gutes Schulzeugnis. Außerdem nimmt Bummelmeister an der 7. Schummelweltmeisterschaft in Schimmelstadt teil. Dort winkt als Hauptpreis ein Sehrgutschein für ein sehr gutes Zeugnis.

Kreuze an

Der Artikel aus dem Knirpskurier ist aus dem Bereich „Sport“.	☐ ja ☐ nein
Die Überschrift dieses Artikels lautet „Bummelmeister gekürt“.	☐ ja ☐ nein
Dieser Artikel handelt von den Schimmelbrot-Meisterschaften.	☐ ja ☐ nein
In dem Ort Knilching fand ein Wettkampf im Schummeln statt.	☐ ja ☐ nein
Die Mistkäfer-Grundschule befindet sich in dem Ort Knilching.	☐ ja ☐ nein
Der Wettkampf hat mit der Disziplin Rüberschielen begonnen.	☐ ja ☐ nein
Benno Bummelmeister ist neuer Schummelmeister geworden.	☐ ja ☐ nein
Als Sieger musste Bummelmeister sieben Bockwürste essen.	☐ ja ☐ nein
Der Sehrgutschein hat einen höheren Wert als der Gutschein.	☐ ja ☐ nein

☺ Einen Bereich einer Zeitung (wie „Kultur“ oder „Sport“) nennt man Rubrik.

Es war einmal ein Märchen

Es war einmal eine liebreizende Prinzessin, die verwünscht worden war.
Sie stach sich an einer Spindel und fiel in einen *100*-jährigen Schlaf.
Während dieser Zeit wollten viele Prinzen ihr ein Küsschen geben.
Doch jeder von ihnen bezahlte diesen Versuch mit seinem Leben.
Als die *100* Jahre vergangen waren, kam ein neuer Königssohn dahergeritten.
Auch er hatte große Lust auf ein kleines Küsschen.
Diesmal klappte es! Durch das Küsschen wachte die Prinzessin auf.
Sie erblickte den schicken Prinzen und hätte ihn gerne sofort geheiratet.
Der jedoch übersah die Spindel, die neben der Prinzessin auf dem Boden lag.
Er stach sich ebenfalls an der Spindel und fing sofort an zu schnarchen.
Nun war in den nächsten *100* Jahren nicht mehr an Hochzeit zu denken.
Die Prinzessin trauerte kurz, dann lernte sie den Sohn des Metzgers kennen.
Die beiden heirateten und bekamen *23* Kinder miteinander.
Der Prinz wurde erst im Jahre *2009* von einer Oma wach geküsst.

Die Prinzessin musste *100* Jahre im Schlafanzug herumlaufen.	☐ ja ☐ nein
Viele Prinzen wollten die Prinzessin durch einen Kuss wecken.	☐ ja ☐ nein
Nach mehr als *100* Jahren wurde die Prinzessin wach geküsst.	☐ ja ☐ nein
Ein über *100* Jahre alter Prinz hat die Prinzessin wach geküsst.	☐ ja ☐ nein
Die Prinzessin wollte weiterschlafen und verjagte den Prinzen.	☐ ja ☐ nein
Der Prinz war unvorsichtig und stach sich auch an der Spindel.	☐ ja ☐ nein
Die Prinzessin heiratete den hübschen Prinzen im Jahre *2009*.	☐ ja ☐ nein
Die Prinzessin heiratete schon bald den Sohn eines Metzgers.	☐ ja ☐ nein
Der Prinz wurde erst spät durch den Kuss einer Oma geweckt.	☐ ja ☐ nein

☺ Dieser Text erinnert an ☐ Dornröschen. ☐ Rapunzel.

Ein Fall für Knorke

Wütend betrachtet Knorke den riesigen Hundehaufen auf der Spielwiese.
Jeden Tag macht einer der Vierbeiner sein Geschäft an derselben Stelle.
Der Kommissar ist schon 22-mal in einen fetten Haufen hineingetreten.
Er hat Herrn Dackelmann und seinen Pudel im Verdacht.
„Ein neuer Fall für Knorke!“, ruft er entschlossen.
Am Tag halten sich immer viele Menschen auf der Spielwiese auf.
„Der Hund verrichtet sein Geschäft also im Dunkeln“, folgert der Kommissar.
Am frühen Abend legt Knorke ein falsches Rasenstück auf der Wiese aus.
Zuvor hat er dieses Stück mit grüner Farbe getränkt.
Am nächsten Tag liegt tatsächlich ein neuer Haufen auf dem Kunstrasen.
Sofort stapft Knorke die Treppe zu Herrn Dackelmanns Wohnung hoch.
Vor der Tür stehen dessen Schuhe. Und siehe da: grüne Sohlen!
Als sich die Tür öffnet, springt der Pudel Knorke freudig entgegen.
Auch die Pfoten des Pudels sind grün gefärbt. Der Fall ist gelöst!

Knorke findet es toll, wenn Hundehaufen auf der Wiese liegen.	☐ ja ☐ nein
Kommissar Knorke ist schon sehr oft in einen Haufen getreten.	☐ ja ☐ nein
Knorke glaubt, dass ein Dackel die Hundehaufen gemacht hat.	☐ ja ☐ nein
Knorke vermutet, dass die Haufen von einem Pudel stammen.	☐ ja ☐ nein
Knorke glaubt, dass der Hund sein Geschäft im Hellen macht.	☐ ja ☐ nein
Knorke malt das Gras der Spielwiese mit hellblauer Farbe an.	☐ ja ☐ nein
Knorke legt ein Kunstrasenstück mit Farbe auf der Wiese aus.	☐ ja ☐ nein
Am nächsten Tag liegt Herr Dackelmann auf dem Kunstrasen.	☐ ja ☐ nein
Herr Dackelmann und sein Pudel sind in grüne Farbe getreten.	☐ ja ☐ nein
Der Pudel hat einen Hundehaufen auf den Kunstrasen gesetzt.	☐ ja ☐ nein

26 Was gehört zusammen?

1	Rehe sind sehr scheue Tiere und gehören zur Familie der Hirsche. Junge Rehe sind Rehkitze. Die	ein Sommerfell. Das Winterfell ist braun. Das Sommerfell der Rehe hat eine graubraune Farbe.	
2	Rehböcke erkennt man an ihrem Geweih auf dem Kopf. Das Geweih wächst jedes Jahr	weiblichen Rehe werden Ricken genannt. Männliche Rehe heißen Rehböcke.	
3	Die Ricken bekommen im Jahr ein bis zwei Rehkitze. Wie alle Rehe haben diese einen	weißen Fleck am Hinterteil. Zusätzlich haben sie aber auch noch weiße Punkte im Fell.	
4	Im Laufe eines Jahres verändert das Fell der Rehe seine Farbe. Rehe haben ein Winterfell und	neu nach. Damit es neu wachsen kann, werfen die Rehböcke das alte Geweih im Herbst ab.	

2	Er trägt oft einen weißen Kittel. Manchmal verschreibt er Medizin.
7	Häufig besteht sie aus Blech. Ihren Deckel muss man öffnen.
6	Er kann sehr schnell laufen. Seine Ohren heißen Löffel.
4	Es wächst auf jeder Wiese. Getrocknet nennt man es Heu.
5	Mische Gelb und Blau. Dann erhältst du diese Farbe.
3	Oft ist sie aus Baumwolle. Sie hat lange oder kurze Beine.
1	Es steht in vielen Wohnzimmern. Man sitzt sehr bequem auf ihm.

HOSE ARZT GRAS HASE
DOSE GRÜN SOFA

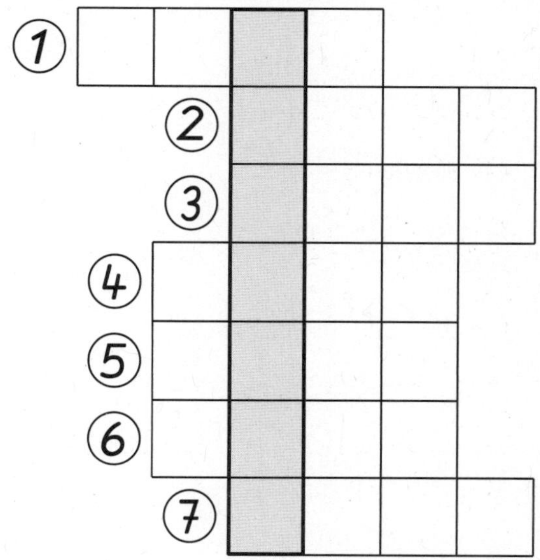

Das gesuchte Fahrzeug hat zwei

☐ Flügel. ☐ Motoren. ☐ Räder.

1

Kakao im Schuh

Steckst du weiche Schokolade
in deine Hosentasche rein,
klebt sie dir bald an der Wade
und auch an dem Schienbein.
Schüttest du noch Milch hinzu,
durch die Tasche, ganz genau,
läuft sofort in deinen Schuh
ein herrlicher Kakao.

2

♡Wuff!♡

Hundemann und Hundefrau
sagen nicht „Ich liebe dich".
Sie bellen nur ein „Wuff" und „Wau"
und beschnuppern sich.

3

Z(B)ahnausfall

In dem Mund von einem Klaus
stand ein Backenzahn.
Doch eines Tages fiel er aus
wie die Straßenbahn.

Kreuze an

Bei den Texten auf der linken Seite handelt es sich um Reime.	☐ ja ☐ nein
In dem längsten Reim geht es um Kakerlaken in einer Schule.	☐ ja ☐ nein
Der Titel des Reimes über Kakao steht links neben dem Reim.	☐ ja ☐ nein
Die Überschrift des Hundereimes steht in einer der vier Ecken.	☐ ja ☐ nein
Die Überschrift des dritten Reimes beginnt mit einem Z oder B.	☐ ja ☐ nein
Bei einem Reim wird die Farbe der Schrift in jeder Zeile heller.	☐ ja ☐ nein
Im Hintergrund des zweiten Reimes sieht man zwei Hühnchen.	☐ ja ☐ nein
Ein Klaus hat eines Tages einen seiner Backenzähne verloren.	☐ ja ☐ nein
Verliebte Hunde können plötzlich sprechen wie wir Menschen.	☐ ja ☐ nein
Die Anleitung für einen „Kakao im Schuh“ ist natürlich Unsinn.	☐ ja ☐ nein

Krötenzwerg schlug zu

Bad Euro - Am Montag wurden die Schülerinnen Bea T.* und Moni K.* Opfer eines dreisten Diebstahls. Gegen 13 Uhr fanden die beiden 100 Euro vor der Piepen-Grundschule. Sie waren gerade auf dem Weg zum Fundbüro, als der Krötenzwerg sie abfing und ihnen die Knete wegnahm. Mit den Worten „Danke für den Zaster!“ flüchtete er anschließend in Richtung Penunzenstraße. Unser Reporter Billi Rubin konnte die Schülerinnen noch am Tatort befragen. „Ich denke, der Zwerg möchte in Moneten baden“, vermutete Moni K. noch geschockt.

Einen solchen 100-Euro-Schein klaute der Krötenzwerg

„Ich glaube eher, er tapeziert mit der Kohle seine Wände“, ergänzte Bea T. nachdenklich. Hinweise, die zur Ergreifung des Krötenzwergs führen, werden mit einem Cent belohnt.

* Namen von der Redaktion geändert

Der Artikel über einen Zwerg ist aus der Rubrik „Nachrichten".	☐ ja ☐ nein
Der Artikel handelt von der Straftat eines diebischen Zwerges.	☐ ja ☐ nein
Zwei fiese Mädchen haben einen freundlichen Zwerg beraubt.	☐ ja ☐ nein
Die beiden Schülerinnen wollten Geld zum Fundbüro bringen.	☐ ja ☐ nein
Der Krötenzwerg hat die Schülerinnen auf ihrem Weg beraubt.	☐ ja ☐ nein
„Knete", „Kohle" und „Moneten" sind andere Wörter für „Geld".	☐ ja ☐ nein
In dem Artikel stehen ganz unterschiedliche Wörter für „Geld".	☐ ja ☐ nein
Der Reporter Billi Rubin befragt die Mädchen in der Turnhalle.	☐ ja ☐ nein
Wer den Zwerg fängt, bekommt als Belohnung einen Blauwal.	☐ ja ☐ nein

☺ Die Überschrift eines Artikels nennt man Schlagzeile.

Es war einmal ein Märchen

Es war einmal ein Mädchen, das stets ein Käppchen aus rotem Samt trug.
Rotkäppchens Kopf leuchtete wie das grelle Licht auf einem Feuerwehrauto.
Eines Tages sollte sie Kuchen und Wein zur kranken Großmutter bringen.
Im Wald begegnete sie einem Wolf und unterhielt sich mit ihm über ihre Oma.
Der hungrige Wolf beschloss, Rotkäppchen und die alte Dame zu verspeisen.
Nach der Mahlzeit legte er sich satt und zufrieden in das Bett der Großmutter.
Zum Glück konnte ein Jäger die beiden aus dem Bauch des Wolfes befreien.
Der Wolf bekam eine Ladung Steine in den Leib und überlebte dies nicht.
Anschließend richtete der Jäger einige ernste Worte an Rotkäppchen.
Er erklärte ihr, dass ein rotes Käppchen im Wald viel zu auffällig sei.
Wer ein solches Käppchen trage, werde für Wölfe zu einer leichten Beute.
Der Jäger gab ihr eine neue Kappe in den Farben Grau, Grün und Braun.
Mit dieser Kappe war sie im Wald gut getarnt und vor bösen Wölfen sicher.
Rotkäppchen wurde noch am selben Tag in Tarnkäppchen umbenannt.

Kreuze an

Rotkäppchen fuhr mit einem Feuerwehrauto zur kranken Oma.	☐ ja ☐ nein
Rotkäppchen wollte die kranke Großmutter im Wald besuchen.	☐ ja ☐ nein
Im Wald fraß Rotkäppchen den hungrigen Wolf und den Jäger.	☐ ja ☐ nein
Rotkäppchen und ihre Oma wurden von einem Wolf gefressen.	☐ ja ☐ nein
Der Wolf hatte noch Hunger und verschluckte auch den Jäger.	☐ ja ☐ nein
Ein Jäger rettete die Gefressenen aus dem Bauch des Wolfes.	☐ ja ☐ nein
Der Wolf flüchtete in den Wald und wurde ein Pflanzenfresser.	☐ ja ☐ nein
Mit der neuen Kappe sah Rotkäppchen aus wie der böse Wolf.	☐ ja ☐ nein
Durch ihre neue Kappe wurde Rotkäppchen zu Tarnkäppchen.	☐ ja ☐ nein

☺ Dieser Text erinnert an ☐ Rotbäckchen. ☐ Rotkäppchen.

Ein Fall für Knorke

Traurig geht Kommissar Knorke an der Mistkäfer-Grundschule vorbei.
Schon seit mehr als sieben Minuten hat er keinen Fall mehr gelöst.
Da hört er Geschrei aus einer Klasse im ersten Stock.
„Gib mir meinen Schokoriegel wieder, du Schurke!“, brüllt ein Junge.
„Den habe ich nicht, du Schuft!“, brüllt ein anderer Junge noch lauter.
Der Kommissar ist begeistert. „Ein neuer Fall für Knorke!“, ruft er.
In der Klasse stellt er sich vor, dann lässt er sich das Geschehen erklären.
„Der Schokoriegel lag eben noch auf meinem Stuhl!“, schreit Kevin aufgeregt.
„Ich stehle doch keine Riegel von Stühlen!“, schreit Marvin noch aufgeregter.
Knorke betrachtet den Tatort. Plötzlich hat er eine Idee.
„Steh bitte von deinem Stuhl auf und dreh dich um“, fordert er Kevin auf.
Der Fall ist gelöst! Der weiche Riegel klebt an Kevins weißer Latzhose.
Kevin wird rot wie ein Pavianpopo. „Entschuldigung, Marvin“, sagt er leise.
„Du bist super, Knorke!“, ruft die Lehrerin und weint eine Freudenträne.

Knorke geht mit einem Mistkäfer an einer Grundschule vorbei.	☐ ja ☐ nein
Knorke ist immer sehr traurig, wenn er einen Fall lösen muss.	☐ ja ☐ nein
Der neue Fall von Knorke ereignet sich in einer Grundschule.	☐ ja ☐ nein
Knorke hört, wie sich zwei Jungen in einer Klasse anschreien.	☐ ja ☐ nein
Kevin und Marvin streiten sich um ein Regal aus Schokolade.	☐ ja ☐ nein
Kevin glaubt, dass Marvin einen Schokoriegel gestohlen hat.	☐ ja ☐ nein
Knorke fängt an zu weinen, weil der Fall zu schwer für ihn ist.	☐ ja ☐ nein
Kevin hat sich aus Versehen auf seinen Schokoriegel gesetzt.	☐ ja ☐ nein
Kevin hat Marvin zu Unrecht verdächtigt und entschuldigt sich.	☐ ja ☐ nein
Die Lehrerin ist traurig, weil Knorke den Fall aufklären konnte.	☐ ja ☐ nein

Was gehört zusammen?

1	Schafe werden in großen Herden gehalten. Schäferinnen oder Schäfer passen auf die Herden	gegessen. Ein junges Schaf heißt Lamm. Viele Menschen mögen das Fleisch älterer Schafe nicht.	
2	Die Milch der Schafe wird bei uns nur selten getrunken. Oft wird sie zu Schafkäse	werden die Schafhaare abrasiert. Anschließend wird aus den Haaren Wolle gesponnen.	
3	Wenn ihre Haare lang sind, werden Schafe geschoren. Mit einem besonderen Rasierer	verarbeitet. Schafkäse ist sehr würzig und passt zum Beispiel gut zu einem Salat.	
4	Auch als Fleischlieferant sind die Schafe wichtig. Bei uns wird vor allem das Fleisch junger Schafe	auf. Speziell ausgebildete Hunde helfen ihnen dabei. Schafe liefern uns Milch, Wolle und Fleisch.	

(4)	Es steht nur in kalten Gegenden. Es ist eine Hütte aus Schnee.
(6)	Man kann auf ihn steigen. Sein höchster Punkt heißt Gipfel.
(5)	Es fließt durch unseren Körper. Es fließt durch unsere Adern.
(1)	Es hat Sitze und eine Leinwand. Hier kann man Filme sehen.
(3)	Er stammt von den Wölfen ab. Er hat ein Fell und kann bellen.
(7)	Man schaut durch sie hindurch. Durch sie sieht man alles größer.
(2)	Manchmal hat er Löcher. Bei uns ist er oft aus Kuhmilch.

BERG KINO HUND BLUT
LUPE IGLU KÄSE

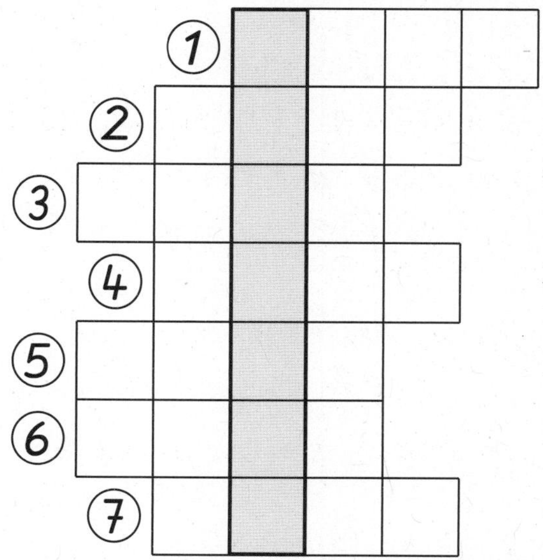

Das gesuchte Tier kann sehr gut

☐ fliegen. ☐ tauchen. ☐ springen.

Ein Wintertraum

In der vergangenen Nacht hatte Tina einen seltsamen Wintertraum. Sie träumte von einem Land, in dem die Schneeflocken nach Erbsensuppe schmeckten. Alle Schneemänner mussten zur Schule gehen. Die Kinder durften den ganzen Tag spielen. In jedem Raum gab es einen weißen Knopf. Wenn man ihn drückte, schwebte sofort eine Schneewolke heran und warf ihre glitzernde weiße Pracht herab. Jedes Kind hatte einen eigenen Rodelberg. Die Schlitten wuchsen an wuchtigen Schlittenbäumen. Man brauchte sie einfach nur abzupflücken. Weil die Straßen spiegelglatt waren, fuhren keine Autos. Auf den Autobahnen liefen die Eichhörnchen Schlittschuh. Am besten gefiel Tina die essbare Winterkleidung. Manche Kleidungsstücke schmeckten nach Erdnüssen, andere nach Vanille oder Schokolade. Es gab aber auch Käsesocken und Pizzapantoffeln. War man zu Hause angekommen, konnte man seine Kleidung einfach aufessen. Am liebsten aß Tina Schokomützen und Erdnussmäntel.

Kreuze an

Tina war in ihrem Wintertraum ein winziges Schneeflöckchen.	☐ ja ☐ nein
In dem Traumland schmeckte der Schnee nach Erbsensuppe.	☐ ja ☐ nein
Alle Schneemänner mussten für die Kinder zur Schule gehen.	☐ ja ☐ nein
Mit dem Knopf konnte man Schnee in Bratwürste verwandeln.	☐ ja ☐ nein
Mit dem weißen Knopf konnte man es sofort schneien lassen.	☐ ja ☐ nein
In dem Wintertraum sind die Schlitten an Bäumen gewachsen.	☐ ja ☐ nein
In Tinas Traum konnten die Eichhörnchen Schlittschuh laufen.	☐ ja ☐ nein
Tina fand es toll, dass man die Kleidungsstücke essen konnte.	☐ ja ☐ nein
In ihrem seltsamen Traum hat Tina nur Käsesocken gegessen.	☐ ja ☐ nein
In ihrem Traum hat Tina gerne Mützen und Mäntel gegessen.	☐ ja ☐ nein

Spielplatz Würfelburg

Würfelburg - Am Freitag beginnt in der Würfelburger Messehalle die internationale Spielwarenmesse. Aussteller aus 16 Ländern zeigen altbewährtes und neues Spielzeug für Jung und Alt. Zu den Neuheiten gehören die Zauberbausteine der englischen Firma „Cool“. Die Steine stellen sich selber zu Türmen und anderen Gebilden auf. So können Kinder gleichzeitig schlafen und spielen. Die chinesische Firma „Zei Tung“ präsentiert neue Rollschuhe mit viereckigen Rädern. Ebenfalls neu ist das Spiel „Augen und Ohren zu“ der schwedischen Firma „Knäckebröt“. Bei diesem Spiel gibt es nur Verlierer. Ziel ist es, sich so lange Augen und Ohren zuzuhalten, bis man ins Bett muss. Für Besucher ist die Messe täglich von 9 Uhr bis 18 Uhr geöffnet.

Zwei Messebesucherinnen spielen „Augen und Ohren zu“

Kreuze an

Zu dem Artikel gehört die Schlagzeile „Spielplatz Würfelburg“.	☐ ja ☐ nein
Der Artikel über eine Messe gehört zu der Rubrik „Wirtschaft“.	☐ ja ☐ nein
Auf einer Spielwarenmesse zeigen viele Firmen ihr Spielzeug.	☐ ja ☐ nein
Auf der Messe zeigen nur chinesische Firmen ihre Spielwaren.	☐ ja ☐ nein
Auf der Spielwarenmesse wird nur altes Spielzeug vorgestellt.	☐ ja ☐ nein
Eine Firma aus England zeigt in Würfelburg Zauberbausteine.	☐ ja ☐ nein
Die Firma „Zei Tung“ stellt auf der Messe ihre Rollschuhe vor.	☐ ja ☐ nein
Das neue Spiel einer schwedischen Firma heißt „Knäckebröt“.	☐ ja ☐ nein
Die Spielwarenmesse ist nur nachts für die Besucher geöffnet.	☐ ja ☐ nein

☺ Artikel werden von Redakteuren oder Redakteurinnen geschrieben.

42 Es war einmal ein Märchen

Es war einmal ein Junge, den alle Welt nur „Cleverer Lars“ nannte.
Lars war so clever, dass er sogar sich selbst hereinlegen konnte.
Eines Tages traf Lars im Wald einen winzigen Wunsch-Wicht.
Der Wicht rief: „Herzlichen Glückwunsch, Lars, du hast drei Wünsche frei!“
Lars überlegte und wünschte sich als Erstes ein Ausmalbuch ohne Seiten.
Sein zweiter Wunsch war eine bellende Maus mit Flügeln und Hasenohren.
Der Wicht fühlte sich veralbert und bekam vor Wut einen hochroten Kopf.
Er brüllte: „Du hast noch einen Wunsch frei. Überlege genau, was du tust!“
Lars sprach: „Ich wünsche, dass du mir von nun an jeden Wunsch erfüllst.“
Jetzt dampfte der Wicht vor Wut. Lars befürchtete, er würde explodieren.
Doch es half nichts! Zuerst sagte der Wicht mit dem Handy alle Termine ab.
Dann zog er zu Lars in ein kleines Gartenhaus.
Von nun an konnte sich Lars jederzeit einen Wunsch erfüllen.
Als Erstes wünschte er sich einen Wintermantel für den Sommerurlaub.

Kreuze an

Der Clevere Lars hat seinen Namen für Dummheit bekommen.	☐ ja ☐ nein
Lars traf den Wunsch-Wicht an der Kasse eines Supermarkts.	☐ ja ☐ nein
Der Wicht offenbarte, dass er Lars drei Wünsche erfüllen wird.	☐ ja ☐ nein
Mit seinen ersten beiden Wünschen verärgerte Lars den Wicht.	☐ ja ☐ nein
Der winzige Wunsch-Wicht bekam in seiner Wut ein rotes Knie.	☐ ja ☐ nein
Lars' dritter Wunsch machte den Wunsch-Wicht sehr glücklich.	☐ ja ☐ nein
Mit dem dritten Wunsch legte Lars den wütenden Wicht herein.	☐ ja ☐ nein
Lars wünschte, dass der Wicht nun alle seine Wünsche erfüllt.	☐ ja ☐ nein
Jeder Mensch benötigt im Sommerurlaub einen Wintermantel.	☐ ja ☐ nein

☺ Dieser Text erinnert an ☐ Schneewittchen. ☐ kein Märchen.

Ein Fall für Knorke

Verärgert betrachtet Knorke seinen leeren Briefkasten.
Schon wieder hat jemand seine Tageszeitung gestohlen.
Das geht nun schon seit Wochen so. Es muss etwas geschehen!
„Ein neuer Fall für Knorke!“, faucht der Kommissar giftig in den Flur.
Sofort hat er einen Plan, wie er den Dieb oder die Diebin überführen kann.
Er benötigt seinen Mini-Bohrer, die Mini-Fotokamera und einige Drähte.
Mit dem Bohrer bohrt er vorne ein kleines Loch in den Briefkasten.
Die Kamera befestigt er direkt hinter dem Loch im Inneren des Briefkastens.
Die Drähte verbinden den Briefkastendeckel mit der Kamera.
Nun wird jeder, der den Briefkasten öffnet, durch das Loch fotografiert.
Am nächsten Morgen hat die Mini-Kamera zwei Fotos geschossen.
Das erste Bild zeigt, wie der Zeitungsbote die Zeitung in den Briefkasten wirft.
Das zweite Bild zeigt, wie Frau Schlingel sie aus dem Briefkasten herauszieht.
Der Fall ist gelöst! Zwei Sekunden später geht die Klingel bei Frau Schlingel.

Kreuze an

Bei dem neuen Fall sucht Knorke einen Dieb oder eine Diebin.	☐ ja ☐ nein
Jemand stiehlt Knorke immer den Käse von seinem Butterbrot.	☐ ja ☐ nein
Jemand stiehlt Knorke die Tageszeitung aus dem Briefkasten.	☐ ja ☐ nein
Knorke möchte einen Kinofilm über seinen neuen Fall drehen.	☐ ja ☐ nein
Kommissar Knorke will den Dieb oder die Diebin fotografieren.	☐ ja ☐ nein
Knorke versteckt eine Mini-Fotokamera in seinem Briefkasten.	☐ ja ☐ nein
Die Mini-Kamera fotografiert jeden, der den Briefkasten öffnet.	☐ ja ☐ nein
Am nächsten Morgen ist Knorkes Mini-Kamera verschwunden.	☐ ja ☐ nein
Auf dem zweiten Bild sieht Knorke, wer ihm die Zeitung stiehlt.	☐ ja ☐ nein
Knorke findet es gut, dass Frau Schlingel seine Zeitung stiehlt.	☐ ja ☐ nein

Was gehört zusammen?

1	Ameisen sind Insekten. Sie leben in großen Staaten zusammen. In solchen Ameisenstaaten gibt es	Königinnen, Arbeiterinnen und Männchen. Jede Ameise hat eine ganz bestimmte Aufgabe.	
2	Die Königinnen legen die Eier. Zunächst werden aus den Eiern Larven. Die Larven	wichtig. Ohne Männchen könnten die Königinnen keine Eier in die Nester legen.	
3	Die Arbeiterinnen sind für die Nahrung verantwortlich. Sie bauen auch die Nester, in die	verpuppen sich später. Aus den Puppen schlüpfen zum Schluss die jungen Ameisen.	
4	Die Männchen müssen nicht so fleißig sein wie die Arbeiterinnen. Sie sind nur für die Fortpflanzung	die Königinnen ihre Eier legen. Um die gelegten Eier kümmern sich ebenfalls die Arbeiterinnen.	

⑥	Es ist ein Schutz für viele Tiere. Katzen oder Hasen haben es.
④	Es wird im Ofen gebacken. Viele Menschen essen es täglich.
①	Er steht auf vielen Baustellen. Er hebt schwere Gegenstände.
⑤	Er gehört zu jeder Ritterburg. Von oben kann man weit sehen.
⑦	Oft ist sie rot, gelb oder weiß. Sie hat spitze Stacheln.
②	Hier bekommt man Briefmarken. Ihr Zeichen sieht so aus:
③	Sie ist aus Metall oder Kunststoff. Aus ihr kommt die Zahnpasta.

TUBE ROSE KRAN FELL
TURM POST BROT

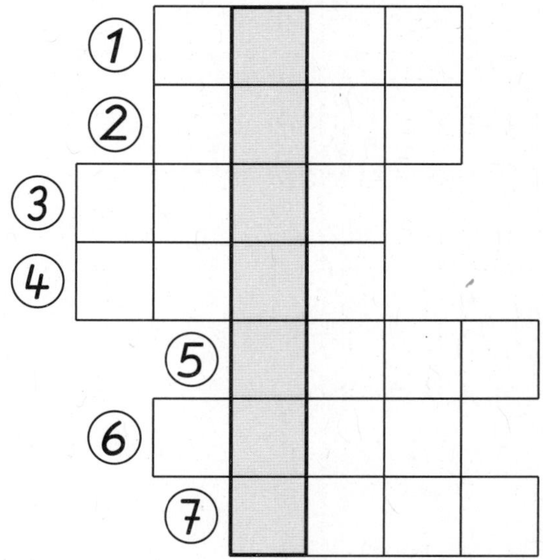

Das Lösungswort ist der Name für eine

☐ Maschine. ☐ Sportart. ☐ Pflanze.

Sagen schreiben: gähn!

Wär ich ein Jäger auf der Jagd,
würd ich ein Wörtchen jagen.
Hab ich es euch schon hergesagt?
Es ist das Wörtchen sagen.

In Kindertexten steht es oft
in fast jeder Zeile.
Statt für Freude, wie erhofft,
sorgt es für Langeweile.

So schenke ich dir jetzt und hier
Wörter, du kannst wählen.
Mehr als eins und mehr als vier,
man kann sie kaum noch zählen:

Plaudern, klagen, äußern, tuscheln,
reden, sprechen, jammern, nuscheln,
murmeln, schwatzen, brüllen, toben,
kreischen, quatschen, johlen, loben,

poltern, schmollen, flüstern, stöhnen,
tuscheln, wispern, munkeln, dröhnen,
schimpfen, mahnen, nörgeln, raunen,
brummen, plappern, knurren, staunen

und noch viele Wörter mehr
kann man statt sagen schreiben.
Mach's deinen Lesern nicht so schwer,
auf dass sie Leser bleiben.

Jäger können das Wort sagen nur mit Pfeil und Bogen jagen.	☐ ja ☐ nein
Viele Kinder verwenden das Wort sagen in ihren Texten zu oft.	☐ ja ☐ nein
Für das Wort sagen kann man oft ein anderes Wort schreiben.	☐ ja ☐ nein
Wer diesen Reim liest, gewinnt einen Teller Buchstabensuppe.	☐ ja ☐ nein
Texte mit vielen Wiederholungen können sehr langweilig sein.	☐ ja ☐ nein
Wir hören und lesen am liebsten besonders langweilige Texte.	☐ ja ☐ nein
Für das Wort sagen kann man auch das Wort sägen schreiben.	☐ ja ☐ nein
Quatschen bedeutet etwas anderes als brummen oder brüllen.	☐ ja ☐ nein
Jammern bedeutet etwas anderes als tuscheln oder nuscheln.	☐ ja ☐ nein
Im Supermarkt bekommt man die besten Wörter für einen Text.	☐ ja ☐ nein

Kinder helfen Politikern

Wünschen - Die Chefs aller Länder trafen sich gestern in dem kleinen Ort Wünschen. Sie besprachen, wie die Kinder dieser Welt ihnen bei der Arbeit helfen können. Die Chefs erklärten, Kinder seien voller Fantasie und große Entdecker. Sie würden vertrauen, sich richtig freuen und herrlich albern sein können. Sie könnten herzhaft lachen und die Welt im nächsten Moment wieder aufmerksam beobachten. Die Chefs stellten fest, dass Erwachsene diese und andere tolle Eigenschaften von Kindern leider häufig verloren hätten. Deshalb möchten sie in Zukunft

Diese Länderchefs wollen ein wenig wie Kinder sein

den anderen Erwachsenen ein Vorbild sein und versuchen, zumindest wieder ein wenig wie Kinder zu sein. Von nun an treffen sich die Chefs einmal im Jahr in Wünschen, um gemeinsam für dieses Ziel zu üben.

Kreuze an

Der Artikel aus dem Knirpskurier gehört zu der Rubrik „Politik".	☐ ja ☐ nein
Die Schlagzeile dieses Artikels heißt „Kinder helfen Politikern".	☐ ja ☐ nein
In Wünschen trafen sich die Chefs aus allen Ländern der Welt.	☐ ja ☐ nein
Die Chefs haben sich bei dem Treffen über Kinder unterhalten.	☐ ja ☐ nein
Die Chefs meinen, Kinder hätten nur schlechte Eigenschaften.	☐ ja ☐ nein
Die Chefs haben erkannt, dass sie von Kindern lernen können.	☐ ja ☐ nein
Die Chefs möchten wie ein Baby in einem Kinderwagen liegen.	☐ ja ☐ nein
Kinder haben tolle Eigenschaften und können ein Vorbild sein.	☐ ja ☐ nein
Die Chefs sollten sich wirklich ein Vorbild an Kindern nehmen.	☐ ja ☐ nein

Die Beschreibung eines wirklichen Geschehens nennt man Bericht.

Was gehört zusammen?

1	Die Delfine gehören zur Familie der Wale. Sie sind weit verbreitet und kommen in allen Meeren der	sie immer wieder auf. Auf ihrem Kopf haben sie ein Loch. Durch dieses Loch atmen sie Luft ein.	
2	Delfine sind Säugetiere. Wie alle Säugetiere atmen sie durch die Lunge. Hierfür tauchen	Gruppe. Fast alle Delfine fressen nur Fische oder Kalmare. Kalmare sind Tintenfische.	
3	Delfine sind erfolgreiche Raubtiere. Manche Delfine jagen sogar gemeinsam in einer	Welt vor. Einige Delfinarten leben auch in Flüssen. Sie werden Flussdelfine genannt.	
4	Delfine sind sehr klug. Sie haben sogar eine eigene Delfinsprache. In dieser Sprache gibt es keine	Wörter. Delfine teilen sich durch Geräusche wie Klicken, Pfeifen oder Schnattern mit.